Impressum
Verlag: BABADADA GmbH, Nedderfeld 112 , 22529 Hamburg
Geschäftsführer / Verlagsleitung: Harald Hof
Druck: Books on Demand GmbH, In de Tarpen 42, 22848 Norderstedt

Imprint
Publisher: BABADADA GmbH, Nedderfeld 112 , 22529 Hamburg, Germany
Managing Director / Publishing direction: Harald Hof
Print: Books on Demand GmbH, In de Tarpen 42, 22848 Norderstedt, Germany

школа

مدرسه

класны пакой
کلاس درس
дзяліць
تقسیم کردن
186/2
школьны двор
дошка
تخته
настаўнік
معلم
папера
کاغذ
пісаць
نوشتن
ручка
خودکار
пісьмовы стол
میز تحریر
лінейка
خط کش
кніга
کتاب
вучань
دانش آموز

ранец

کیف مدرسه

пенал

جامدادی

просты аловак

مداد

тачылка для алоўкаў

تراش

гумка

پاک کن

альбом для малявання

دفتر رسم

малюнак

طراحی

пэндзлік

قلم مو

фарбы

جعبه ی آبرنگ

нажніцы

قیچی

клей

چسب

сшытак

کتاب تمرین

хатняе заданне

تکلیف خانه

лік

رقم

дадаваць

جمع کردن

адымаць

تفریق کردن

множыць

ضرب کردن

лічыць

محاسبه کردن

літара

حرف الفبا

алфавіт

الفبا

слова

کلمه

тэкст

متن

чытаць

خواندن

крэйда

گچ

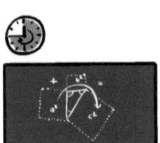

ўрок

درس

класны журнал

ثبت نام

экзамен

امتحان

атэстат

مدرک رسمی

школьная форма

لباس مدرسه

адукацыя

تحصیلات

энцыклапедыя

دانشنامه

універсітэт

دانشگاه

мікраскоп

میکروسکوپ

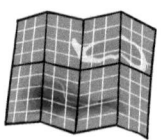

карта

نقشه

смеццевы кошык

سبد کاغذ باطله

падарожжа

سفر

гатэль
هتل
хостэл
مسافرخانه
ROOMS
EXCHANGE
абменны пункт
صرافی
чамадан
چمدان
аўтамабіль
اتومبیل

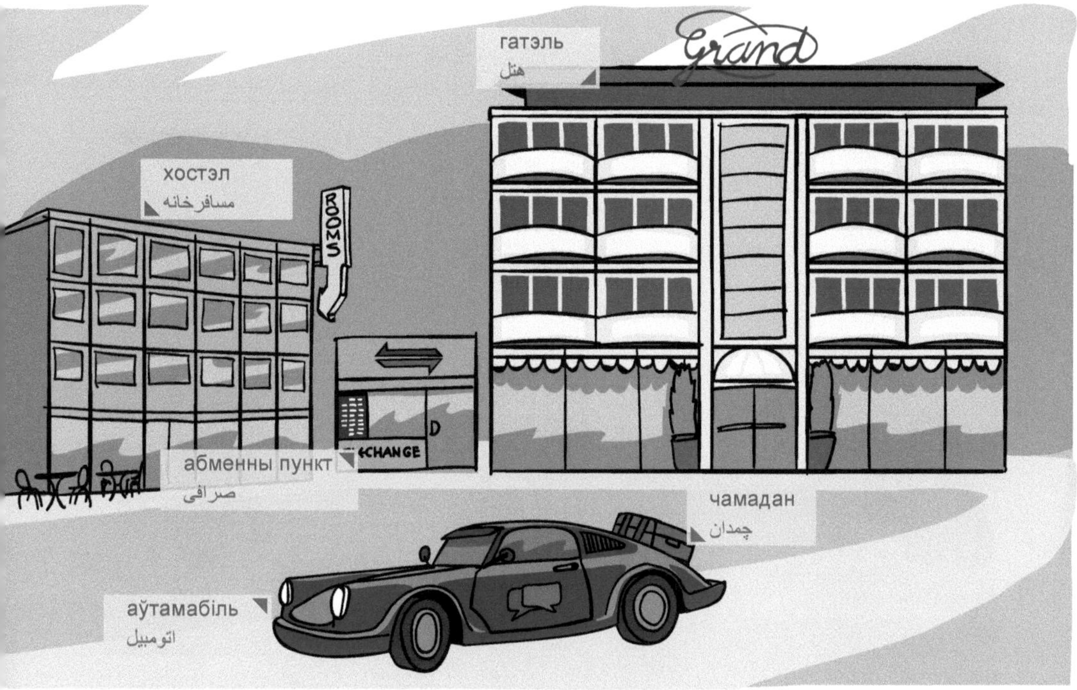

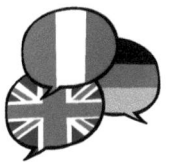

мова

زبان

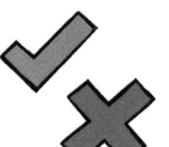

так / не

بله / خیر

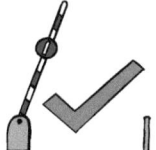

добра

اُکی

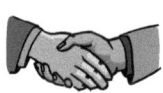

прывітанне!

سلام

перакладчык

مترجم

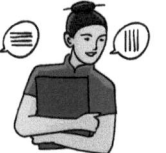

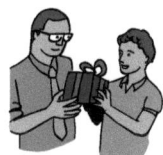

дзякуй

ممنون

Колькі каштуе....?

قیمت ... چه قدر است؟

я не разумею

من متوجه نمی شوم

праблема

مشکل

Добры вечар!

عصر بخیر! / شب بخیر!

Добрай раніцы!

صبح بخیر!

Дабранач!

شب بخیر!

да пабачэння

خدانگهدار

кірунак

جهت

багаж

بار سفر

сумка

کیف

заплечнік

کوله پشتی

госць

مهمان

пакой

اتاق

спальны мяшок

کیسه خواب

палатка

خیمه

інфармацыя для турыстаў

مرکز راهنمای گردشگران

пляж

ساحل

крэдытная картка

کارت اعتباری

снеданне

صبحانه

абед

نهار

вячэра

شام

праязны білет

بلیط

ліфт

آسانسور

паштовая марка

مهر

мяжа

مرز

мытня

گمرک

пасольства

سفارتخانه

віза

ویزا

пашпарт

گذرنامه

транспарт

حمل و نقل

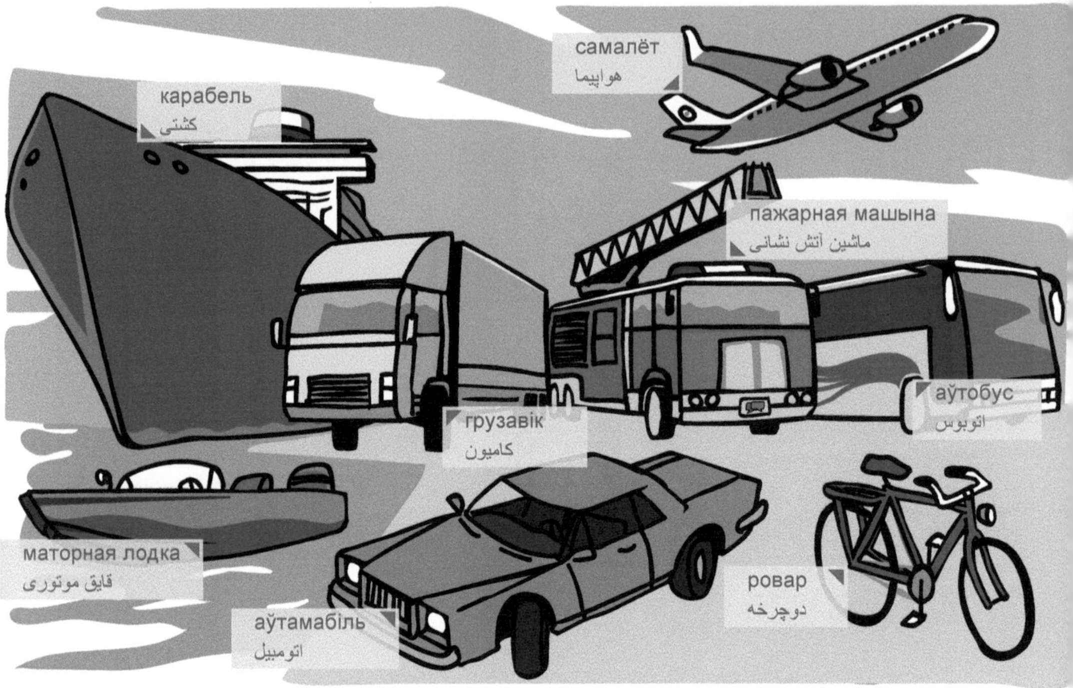

самалёт
هواپیما
карабель
کشتی
пажарная машына
ماشین آتش نشانی
аўтобус
اتوبوس
грузавік
کامیون
маторная лодка
قایق موتوری
ровар
دوچرخه
аўтамабіль
اتومبیل

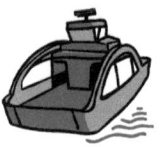

парам

کشتی مسافربری

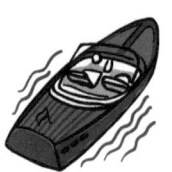

лодка

قایق

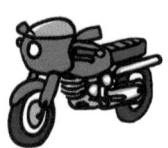

матацыкл

موتورسیکلت

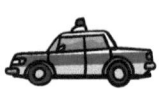

паліцэйская машына

ماشین پلیس

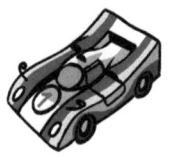

гоначны аўтамабіль

ماشین مسابقه

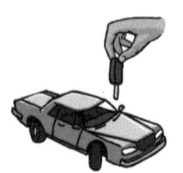

арэндаваны аўтамабіль

ماشین کرایه ای

сумеснае карыстанне
аўтамабілем

به اشتراک گذاری اتوموبیل

эвакуатар

جرثقیل

смеццявоз

ماشین حمل زباله

матор

موتور

паліва

بنزین

запраўка

پمپ بنزین

дарожны знак

تابلو راهنمایی و رانندگی

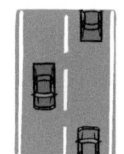

дарожны рух

عبور و مرور

затор

ترافیک

паркоўка

پارکینگ

чыгуначная станцыя

ایستگاه قطار

рэйкі

ریل راه آهن

цягнік

قطار

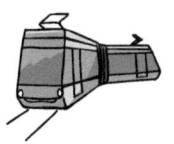

трамвай

قطار برقی

вагон

واگن

верталёт

هليكوپتر

аэрапорт

فرودگاه

вежа

برج

пасажыр

مسافر

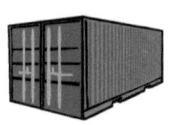

кантэйнер

كانتينر

кардонная скрыня

كارتن

тачка

گاری

карзіна

سبد

ўзлятаць / прызямляцца

به پرواز درآمدن / فرود آمدن

горад

شهر

вёска

دهکده

цэнтр горада

مرکز شهر

дом

خانه

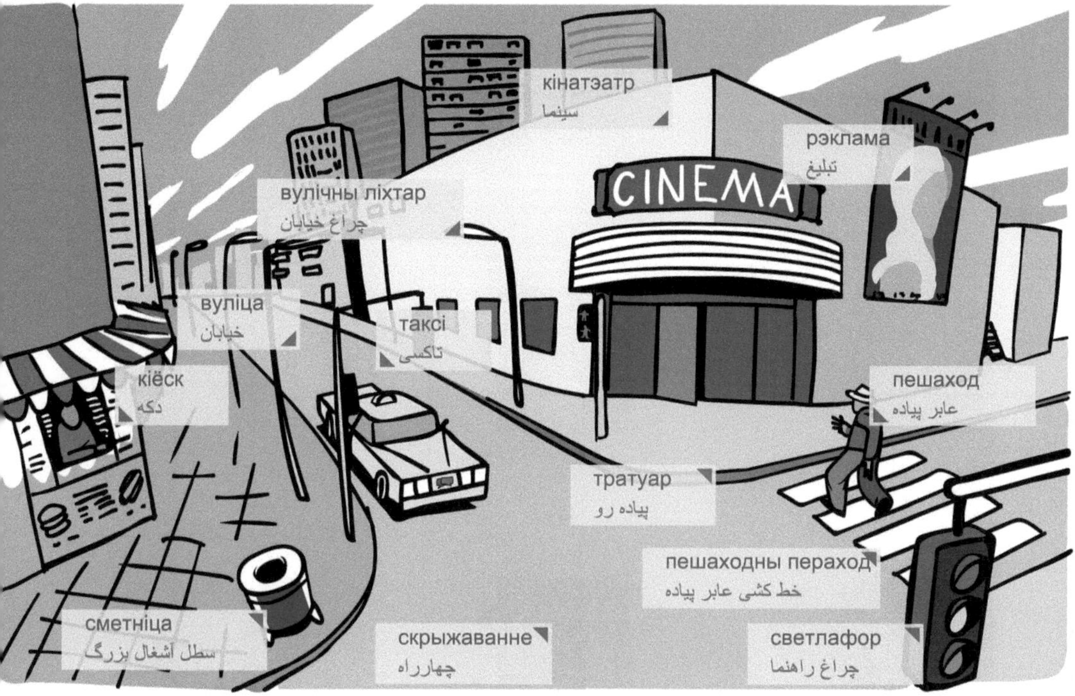

кінатэатр
سینما

рэклама
تبلیغ

вулічны ліхтар
چراغ خیابان

вуліца
خیابان

таксі
تاکسی

кіёск
دکه

CINEMA

пешаход
عابر پیاده

тратуар
پیاده رو

пешаходны пераход
خط کشی عابر پیاده

сметніца
سطل آشغال بزرگ

скрыжаванне
چهارراه

светлафор
چراغ راهنما

халупа

كلبه

кватэра

آپارتمان

чыгуначная станцыя

ایستگاه قطار

ратуша

ساختمان شهرداری

музей

موزه

школа

مدرسه

універсітэт

دانشگاه

банк

بانک

шпіталь

بیمارستان

гатэль

هتل

аптэка

داروخانه

офіс

اداره

кнігарня

کتابفروشی

крама

مغازه

кветкавая крама

گل فروشی

супермаркет

سوپرمارکت

кірмаш

بازار

універмаг

فروشگاه بزرگ

рыбная крама

ماهی فروش

гандлевы цэнтр

مرکز خرید

порт

بندر

парк

پارک

лава

نیمکت

мост

پل

лесвіца

پله

метро

مترو

тунэль

تونل

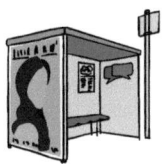

прыпынак

ایستگاه اتوبوس

бар

میخانه

рэстаран

رستوران

паштовая скрыня

صندوق پست

вулічны паказальнік

تابلوی خیابان

паркамат

دستگاه پارکومتر

заапарк

باغ وحش

басейн

استخر شنای عمومی

мячэць

مسجد

сядзіба

مزرعه

забруджванне
навакольнага асяроддзя

آلودگی محیط زیست

могілкі

قبرستان

царква

کلیسا

пляцоўка для гульні

زمین بازی

храм

معبد

краявід

چشم انداز

ліст — برگ

паказальнік — تابلوی راهنمای مسیر

дарога — راه

луг — چمنزار

камень — سنگ

падарожнік — راه نورد

дрэва — درخت

рака — رودخانه

трава — چمن

кветка — گل

даліна

دره

гара

تپّه

возера

دریاچه

лес

جنگل

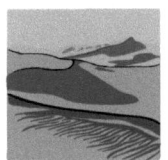

пустыня

بیابان

вулкан

کوه آتشفشان

замак

قلعه

вясёлка

رنگین کمان

грыб

قارچ

пальма

درخت نخل

камар

پشه

муха

مگس

мурашка

مورچه

пчала

زنبور

павук

عنکبوت

жук

سوسک

жаба

قورباغه

вавёрка

سنجاب

вожык

جوجه تیغی

заяц

خرگوش صحرایی

сава

جغد

птушка

پرنده

лебедзь

قو

дзік

گراز

алень

گوزن نر

лось

گوزن شمالی

плаціна

سد آب

вятрак

توربین بادی

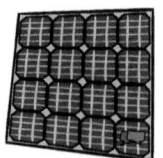

сонечная батарэя

صفحه ی خورشیدی

клімат

آب و هوا

рэстаран

رستوران

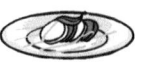

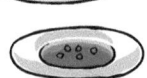

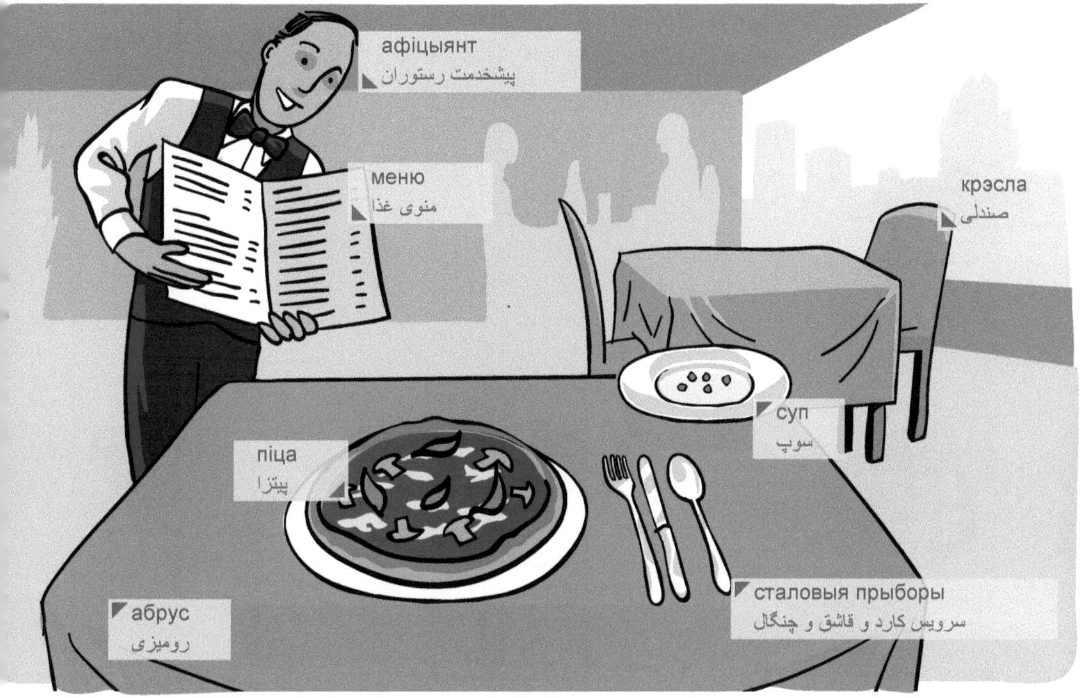
афіцыянт
پیشخدمت رستوران
меню
منوی غذا
крэсла
صندلی
суп
سوپ
піца
پیتزا
сталовыя прыборы
سرویس کارد و قاشق و چنگال
абрус
رومیزی

закуска

پیش‌غذا

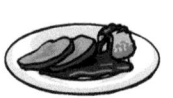

другая страва

غذای اصلی

дэсерт

دسر

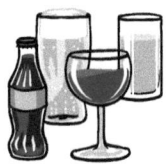

напоі

نوشیدنی ها

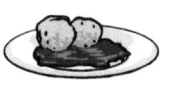

ежа

غذا

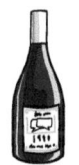

бутэлька

بطری

хуткае харчаванне (фаст-фуд)

فست فود

стрыт-фуд

اغذیه خیابانی

імбрык (чайнік)

قوری

цукарніца

قندان

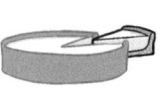

порцыя

پُرس غذا

эспрэса-машына

دستگاه اسپرسو

дзіцячае крэселка

صندلی پایه بلند غذاخوری بچه

рахунак

صورتحساب

паднос

سینی

нож

چاقو

відэлец

چنگال

лыжка

قاشق

чайная лыжка

قاشق چایخوری

сурвэтка

دستمال سفره

шклянка

لیوان

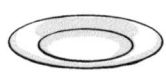

талерка

بشقاب

супавая талерка

بشقاب سوپخورى

сподак

نعلبكى

соус

سس

сальніца

نمكدان

млынок для перцу

فلفل ساب

воцат

سركه

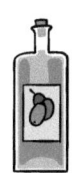

алей

روغن خوراكى

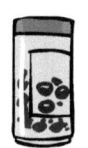

спецыі

ادويه جات

кетчуп

سس كچاپ

гарчыца

سس خردل

маянэз

سس مايونز

супермаркет

سوپرمارکت

акцыя
پیشنهاد ویژه
FOR
пакупнік
مشتری
малочныя прадукты
لبنیات
садавіна
میوه جات
вазок
چرخ دستی خرید

мясная крама

....

قصابی

хлебны магазін

....

نانوایی

важыць

....

وزن کردن

гароднiна

....

سبزیجات

мяса

....

گوشت

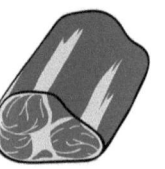

свежазамарожаныя прадукты

غذای منجمد

нарэзка

مخلوطی از انواع کالباس یا پنیر که ورقه ای بریده شده باشند

кансервы

غذای کنسروی

пральны парашок

پودر لباسشویی

прысмакі

شیرینی جات

хатнія прылады

لوازم خانگی

чысцячы сродак

ماده شوینده و پاک کننده

прадавец

فروشنده

каса

صندوق پرداخت

касір

صندوقدار

спіс пакупак

لیست خرید

гадзіны працы

ساعات کار

бумажнік

کیف پول

крэдытная картка

کارت اعتباری

сумка

کیف

пакет

کیسه ی پلاستیکی

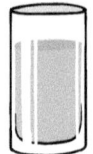

напоі

نوشیدنی ها

вада

....

آب

сок

....

آبمیوه

малако

....

شیر

кола

....

نوشابه کوکاکولا

віно

....

شراب

піва

....

آبجو

алкаголь

....

الکل

какава

....

کاکائو

гарбата (чай)

....

چای

кава

....

قهوه

эспрэса

....

قهوه اسپرسو

капучына

....

کاپوچینو

банан

موز

яблык

سیب

апельсін

پرتقال

дыня

انواع هندوانه و خربزه

лімон

لیمو

морква

هویج

часнок

سیر

бамбук

نی بامبو

цыбуля

پیاز

грыб

قارچ

арэхі

آجیل

локшына

ماکارونی

спагеці

اسپاگتی

рыс

برنج

салата

سالاد

бульба фры

سیب زمینی سرخ کرده

смажаная бульба

سیب زمینی سرخ شده

піца

پیتزا

гамбургер

همبرگر

бутэрброд

ساندویچ

шніцаль

شنیتسل

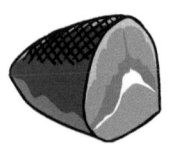

вяндліна

ژامبون خوک

салямі

سالامی

каўбаса

سوسیس

курыца

مرغ

смажаніна

نوعی گوشت سرخ شده

рыбак

ماهی

аўсяныя камякі
....
جوی پرک شده

мюслі
....
نوعی صبحانه مخلوطی از برگه ذرت و
میوه های خشک شده و خشکبار که
معمولا با شیر خورده می شود

кукурузныя шматкі
....
کورن فلکس

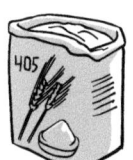

мука
....
آرد

круасан
....
کرواسان

булачка
....
نان بروتشن

хлеб
....
نان

тост
....
نان تست

пячэнне
....
بیسکویت

масла
....
کره

тварог
....
کشک

пірог
....
کیک

яйка
....
تخم مرغ

яечня
....
تخم مرغ نیمرو

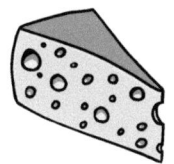

сыр
....
پنیر

марожанае

بستنی

цукар

شکر

мёд

عسل

варэнне

مربا

нуга

کرم شکلاتی بادامی

кары

ادویه کاری

сядзіба
مزرعه

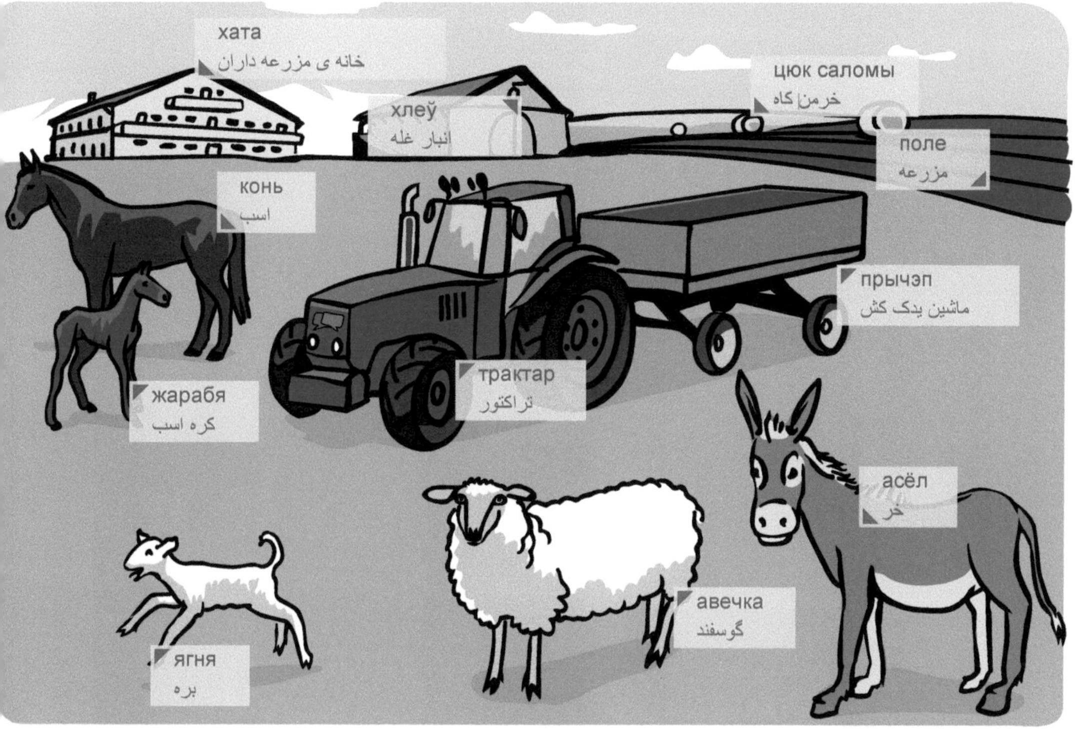
хата
خانه ی مزرعه داران
хлеў
انبار غله
цюк саломы
خرمن گاه
поле
مزرعه
конь
اسب
прычэп
ماشین یدک کش
трактар
تراکتور
жарабя
کره اسب
асёл
خر
авечка
گوسفند
ягня
بره

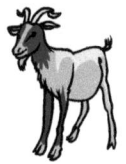

каза
بز

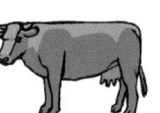

карова
گاو ماده

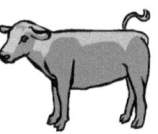

цяля
گوساله

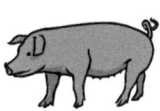

свіння
خوک

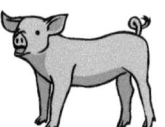

парася
بچه خوک

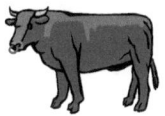

бык
گاو نر

гусак

غاز

качка

اردک

кураня

جوجه

курыца

مرغ

певень

خروس

пацук

موش صحرایی

кот

گربه

мыш

موش

вол

گاو نر اخته

сабака

سگ

сабачая будка

لانه ی سگ

садовы шланг

شلنگ باغبانی

палівачка

آبپاش

каса

داس دسته بلند

плуг

گاوآهن

серп

داس

матыка

كج بيل

вілы для гною

چنگک باغبانى

сякера

تبر

тачка

فرقون

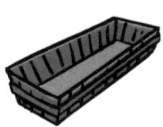

карыта

آبشخور

бітон для малака

بطرى نگهدارى شير

мех

كيسه

плот

حصار

хлеў

اصطبل

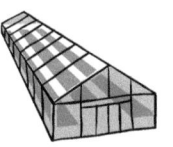

цяпліца

گلخانه

глеба

خاک

насенне

بذر

угнаенне

كود

камбайн

ماشين كمباين

збіраць ураджай

برداشت کردن محصول

ураджай

محصول

ямс

تميس

пшаніца

گندم

соя

سويا

бульба

سیب زمینی

кукуруза

ذرت

рапс

کلزا

садовае дрэва

درخت میوه

маніёк

گیاه مانیوک

збожжа

غلات

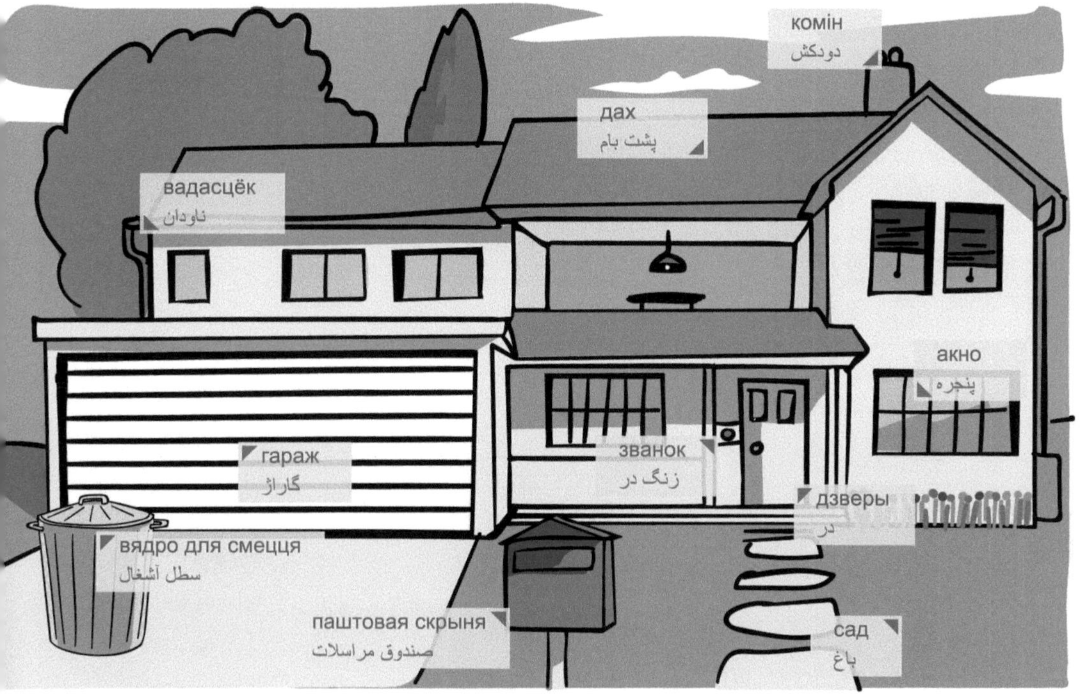

комін
دودکش

дах
پشت بام

вадасцёк
ناودان

акно
پنجره

гараж
گاراژ

званок
زنگ در

дзверы
در

вядро для смецця
سطل آشغال

паштовая скрыня
صندوق مراسلات

сад
باغ

жылы пакой

اتاق نشیمن

ванная

حمام

кухня

آشپزخانه

спальны пакой

اتاق خواب

дзіцячы пакой

اتاق بچه

сталоўка

ناهارخوری

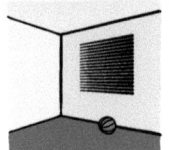

падлога

كف زمين

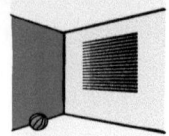

сцяна

ديوار

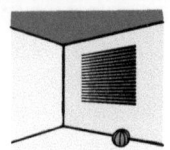

столь

سقف

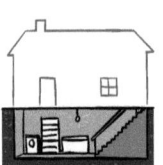

падвал

زيرزمين

саўна

سونا

балкон

بالكن

тэраса

تراس

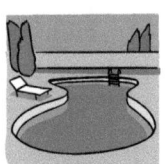

басейн

استخر

касілка

ماشين چمنزنى

падкоўдранік

ملافه

коўдра

روتختى

ложак

تخت خواب

венік

جارو

вядро

سطل

выключальнік

سويچ يا كليد

шпалеры
كاغذ ديوارى

малюнак
عكس

лямпа
لامپ

паліца
قفسه

шафа
كابينت

камін
شومينه

тэлевізар
تلويزيون

кветка
گل

падушка
كوسن

канапа
كاناپه

ваза
گلدان

пульт
كنترل تلويزيون و ويدئو و غيره

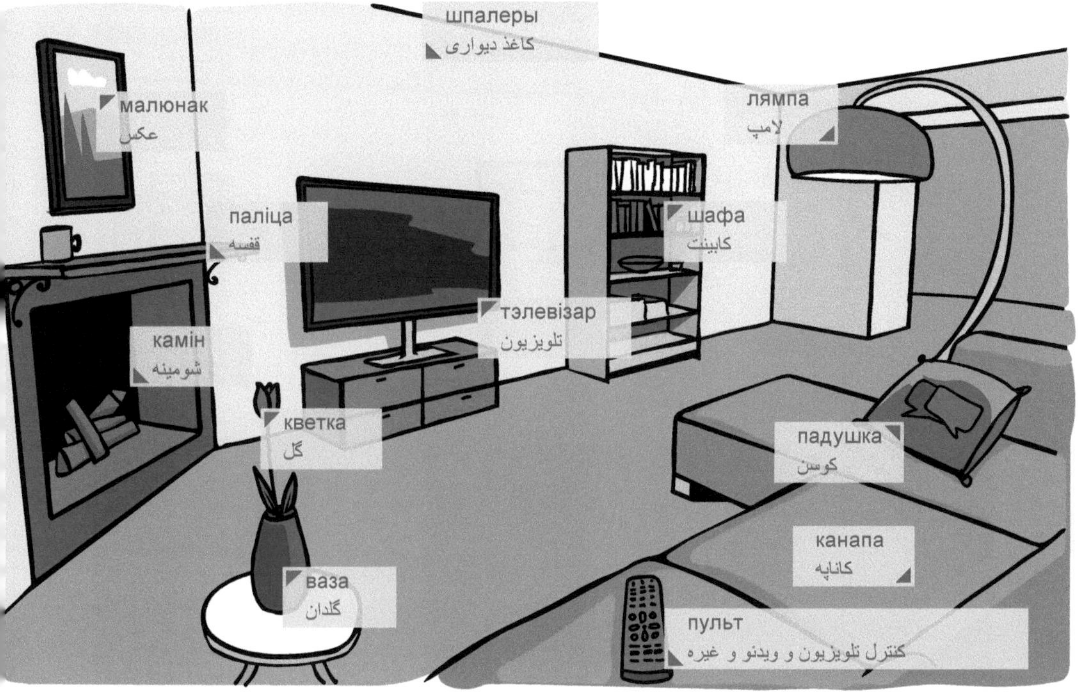

дыван

فرش

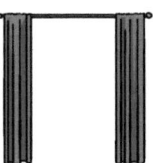

фіранка

پرده

стол

ميز

крэсла

صندلى

крэсла-качалка

صندلى گهواره ايى

крэсла

صندلى راحتى

кніга

كتاب

коўдра

لحاف

дэкарацыя

دکوراسیون

дровы

هیزم

кіно

فیلم

стэрэасістэма

دستگاه ضبط صوت

ключ

کلید

газета

روزنامه

карціна

تابلو نقاشی

постар

پوستر

радыё

رادیو

нататнік

دفترچه یادداشت

пыласос

جاروبرقی

кактус

کاکتوس

свечка

شَمع

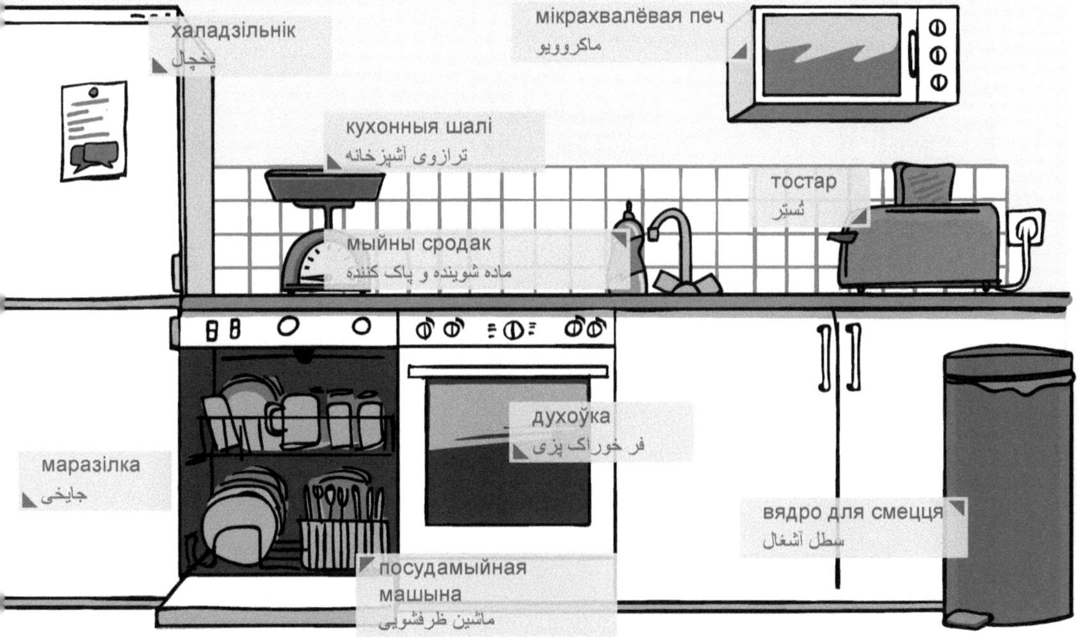

мікрахвалёвая печ
ماکروویو

халадзільнік
یخچال

кухонныя шалі
ترازوی آشپزخانه

тостар
تُستر

мыйны сродак
ماده شوینده و پاک کننده

маразілка
جایخی

духоўка
فر خوراک پزی

вядро для смецця
سطل آشغال

посудамыйная машына
ماشین ظرفشویی

пліта
....
اجاق گاز

рондаль
....
قابلمه

чыгунок
....
قابلمه چدنی

Вок / кадаі
....
ماهی تابه گود

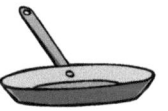

патэльня
....
ماهی تابه

чайнік
....
کتری

параварка

بخارپز

бляха

سینی فر

посуд

ظرف چینی آشپزخانه

кубак

لیوان

міска

کاسه

палачкі для ежы

چاپستیک

чарпак

ملاقه

лапатачка

کفگیر

збівалка

همزن

сіта для варэння

آبکش

сіта

آبکش

тарка

رنده

ступка

هاون

грыль

باربیکیو

вогнішча

محل مخصوص افروختن آتش

дошка

تخته گوشت و سبزی

качалка

وردنه

штопар

در بطری بازکن

бляшанка

قوطی

адкрывалка

در قوطی بازکن

прыхваткі

دستگیره پارچه ای

ракавіна

سینک ظرفشویی

шчотка

برس گردگیری

губка

اسفنج

міксер

مخلوط کن

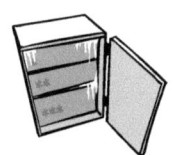

маразільная камера

فریزر

бутэлечка

شیشه شیر بچه

вадаправодны кран

شیر آب

ванная

حمام

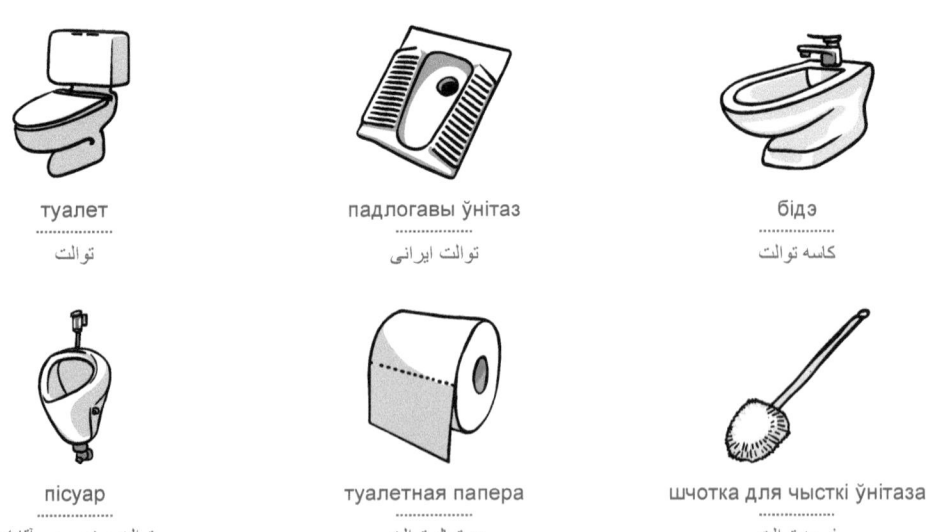

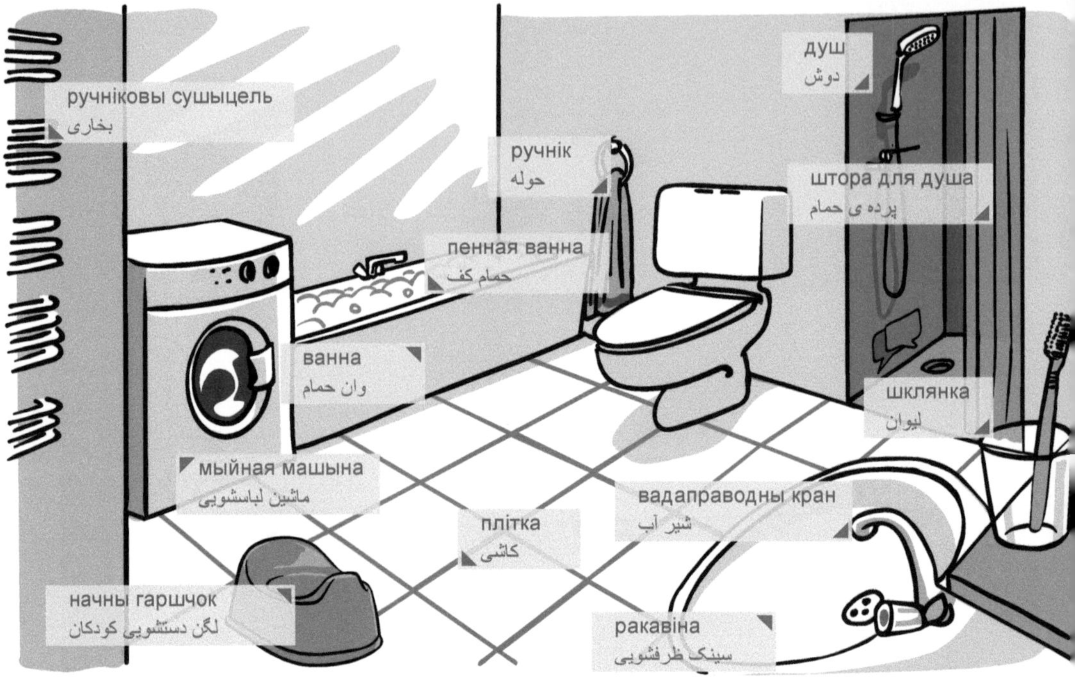

душ
دوش
ручніковы сушыцель
بخاری
ручнік
حوله
штора для душа
پرده ی حمام
пенная ванна
حمام کف
ванна
وان حمام
шклянка
لیوان
мыйная машына
ماشین لباسشویی
вадаправодны кран
شیر آب
плітка
کاشی
начны гаршчок
لگن دستشویی کودکان
ракавіна
سینک ظرفشویی

туалет

توالت

падлогавы ўнітаз

توالت ایرانی

бідэ

کاسه توالت

пісуар

توالت مخصوص آقایان

туалетная папера

دستمال توالت

шчотка для чысткі ўнітаза

فرچه توالت

зубная шчотка

مسواک

зубная паста

خمیردندان

зубная нітка

نخ دندان

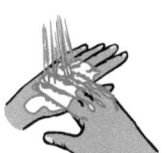

мыць

شستن

ручны душ

دوش آب تلفنی

інтымны душ

شلنگ توالت

умывальнік

لگن روشویی

шчотка для спіны

برس شست و شوی پشت

мыла

صابون

гель для душа

شامپو بدن

шампунь

شامپو

вяхотка

لیف حمام

вадасцёк

راه آب

крэм

کرم

дэзадарант

اسپری دئودورانت

люстэрка

آيينه

касметычнае люстэрка

آيينه ى كوچک دستى

станок для галення

تيغ ريش تراشى

пена для галення

كف ريش تراشى

ласьён пасля галення

آفترشيو

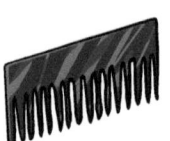

грэбень

شانه ى سر

шчотка

برس

фен

سشوار

лак для валасоў

اسپرى مو

касметыка

آرايش

памада

رژلب

лак для пазногцяў

لاک ناخن

вата

پنبه

манікюрныя нажніцы

قيچى ناخن

духі

عطر

касметычка

کیف لوازم آرایشی و بهداشتی

табурэтка

چهارپایه

вагі

ترازو

лазневы халат

حوله ی پالتویی

санітарныя пальчаткі

دستکش ظرفشویی

тампон

تامپون

гігіенічныя пракладкі

نوار بهداشتی

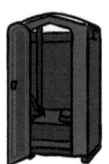

біятуалет

توالت سیار

дзіцячы пакой

اتاق بچه

будзільнік
ساعت زنگدار
мяккая цацка
نوعی عروسک نرم به شکل حیوانات
цацачная машынка
ماشین اسباب بازی
бразготка
جغجغه
лялечны домік
خانه ی عروسکی
падарунак
کادو

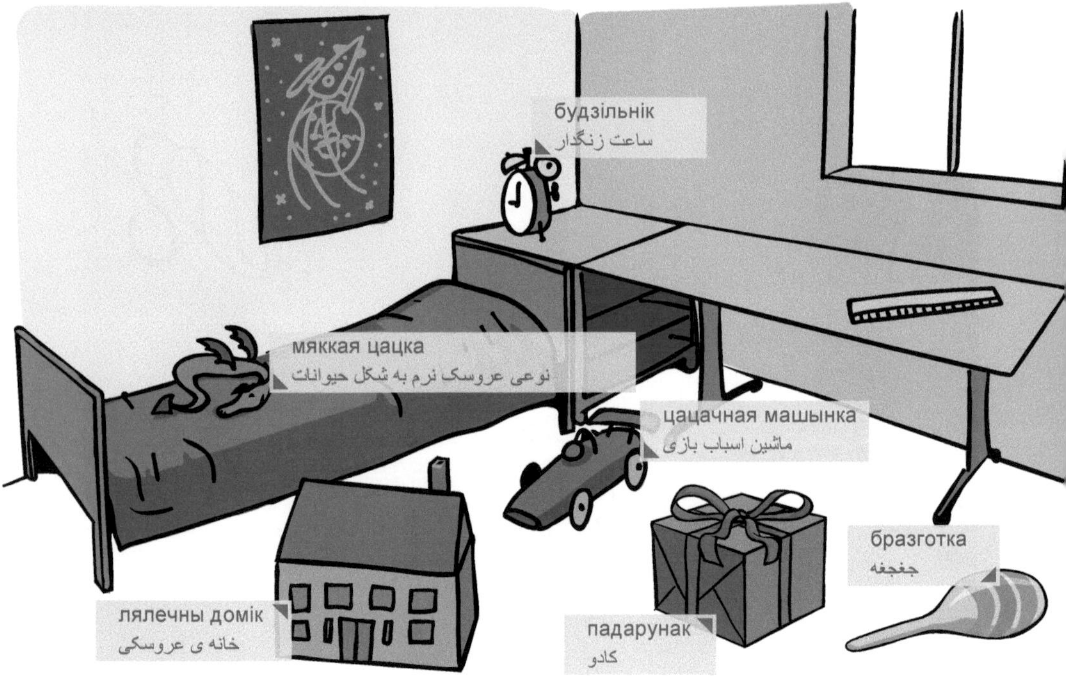

надзіманы шарык

بادکنک

ложак

تخت خواب

дзіцячая каляска

کالسکه بچه

калода картаў

بازی ورق

пазл

پازل

комікс

داستان مصور

канструктар "Лега"

اسباب بازی لگو

канструктар

خانه سازی

экшэн-фігурка

عروسک شخصیت های فیلم و کارتون

дзіцячы гарнітур

لباس نوزاد

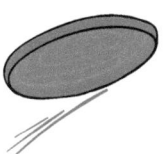

фрызбі

فریزبی

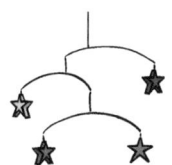

дзіцячы мабіль

نوعی اسباب بازی که روی تخت نوزاد
یا کودک نصب می شود

настольная гульня

بازی روی صفحه

кубік

تاس

дзіцячая чыгунка

قطار اسباب بازی

пустышка

پستانک

дзіцячае свята

مهمانی

кніга з малюнкамі

کتاب مصور

мячык

توپ

лялька

عروسک

гуляцца

بازی کردن

пясочніца

جعبه شنی مخصوص بازی کودکان

арэлі

تاب

цацкі

اسباب بازی

гульнявая відэа прыстаўка

کنسول بازی های کامپیوتری

трохколавы ровар

سه چرخه

плюшавы мішка

خرس عروسکی

шафа

کمد لباس

адзенне

لباس

шкарпэткі

جوراب

панчохі

جوراب زنانه ساق بلند

калготкі

جوراب شلواری

шалік
شال

парасон
چتر

цішотка
تی شرت

рамень
کمربند

боты
پوتین

пантоплі
دمپایی

красоўкі
کفش ورزشی کتانی

сандалі
صندل

абутак
کفش

гумовыя боты
چکمه پلاستیکی

трусы
شرت

бюстгальтар
سوتین

майка
جلیقه

бодзі

بادی

штаны

شلوار

джынсы

جین

спадніца

دامن

блузка

بلوز

кашуля

پیراهن

джэмпер

پولیور

талстоўка

سویی شرت

блэйзер

نوعی کت

куртка

ژاکت

паліто

کت بلند

дажджавік

بارانی

касцюм

لباس نمایش

сукенка

لباس

вясельная сукенка

لباس عروس

касцюм

کت و شلوار

начная сарочка

لباس خواب زنانه

піжама

پیژامه

сары

ساری

хустка

روسری

цюрбан

عمامه

паранджа

برقع

каптан

قبا

Абая

عبا

купальнік

لباس شنا

плаўкі

شرت شنا

шорты

شلوارک

спартыўны касцюм

لباس ورزشی

фартух

پیشبند

пальчаткі

دستکش

гузік

دكمه

акуляры

عینک

бранзалет

دستبند

каралі

گردنبند

кальцо

انگشتر

завушніца

گوشواره

кепка

كلاه لبه دار

вешалка

چوب لباسی

капялюш

كلاه

гальштук

كراوات

маланка

زیپ

шлем

كلاه ایمنی

падцяжкі

بند شلوار

школьная форма

لباس مدرسه

уніформа

لباس فرم

нагруднік

پیش بند بچه

пустышка

پستانک

падгузнік

پوشک بچه

офіс
اداره

канцылярская шафа
کمد نگهداری پرونده

сервер
سرور

прынтэр
چاپگر

манітор
مانیتور

папера
کاغذ

мыш
ماوس

пісьмовы стол
میز تحریر

тэчка
زونکن

клавіятура
صفحه کلید

смеццевы кошык
سبد کاغذ باطله

кампутар
کامپیوتر

крэсла
صندلی

кубак для кавы (філіжанка)

لیوان قهوه

калькулятар

ماشین حساب

інтэрнэт

اینترنت

ноўтбук

لپ تاپ

ліст

نامه

паведамленне

پیغام

мабільны тэлефон

تلفن همراه

сетка

شبکه ی ارتباطی

ксеракс

دستگاه فتوکپی

праграмнае забеспячэнне

نرم افزار

тэлефон

تلفن

разетка

پریز

факс

دستگاه فاکس

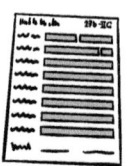

фармуляр

فرم

дакумент

مدرک

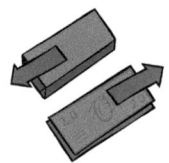

купляць

خریدن

плаціць

پرداخت کردن

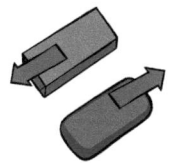

гандляваць

تجارت کردن

грошы

پول

долар

دلار

еўра

یورو

ена

ین

рубель

روبل

франк

فرانک سوئیس

кітайскі юань

یوان رنمینبی

рупія

روپیه

банкамат

دستگاه خودپرداز

абменны пункт

صرافى

золата

طلا

срэбра

نقره

нафта

نفت

энергія

انرژی

цана

قيمت

кантракт

قرارداد

падатак

ماليات

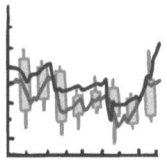

акцыя

سهام سرمايه

працаваць

کار کردن

служачы

کارمند

працадаўца

کارفرما

фабрыка

کارخانه

крама

مغازه

прафесіі
مشاغل

паліцыянт
مامور پلیس
пажарны
آتش نشان
кухар
آشپز
доктар
دکتر
пілот
خلبان

садоўнік

باغبان

слесар

نجار

швачка

خیاط زنانه

суддзя

قاضی

хімік

شیمیدان

артыст

بازیگر

кіроўца аўтобуса

راننده اتوبوس

таксіст

راننده تاکسی

рыбак

ماهیگیر

прыбіральшчыца

نظافتچی زن

страхар

سقف ساز

афіцыянт

پیشخدمت رستوران

паляўнічы

شکارچی

мастак

نقاش

пекар

نانوا

электрык

برقکار

будаўнік

کارگر ساختمانی

інжынер

مهندس

мяснік

قصاب

сантэхнік

لوله کش

паштальён

پستچی

салдат

سرباز

архітэктар

معمار

касір

صندوقدار

фларыст

گل فروش

цырульнік

آرایشگر

кандуктар

مامور کنترل بلیط در قطار

механік

مکانیک

капітан

ناخدا

стаматолаг

دندانپزشک

вучоны

دانشمند

рабін

عالم یهودی

імам

امام

манах

راهب

святар

کشیش

інструменты

ابزارآلات

малаток
چکش
пласкагубцы
انبردست
адвёртка
پیچ گوشتی
гаечны ключ
آچار
ліхтарык
چراغ قوه

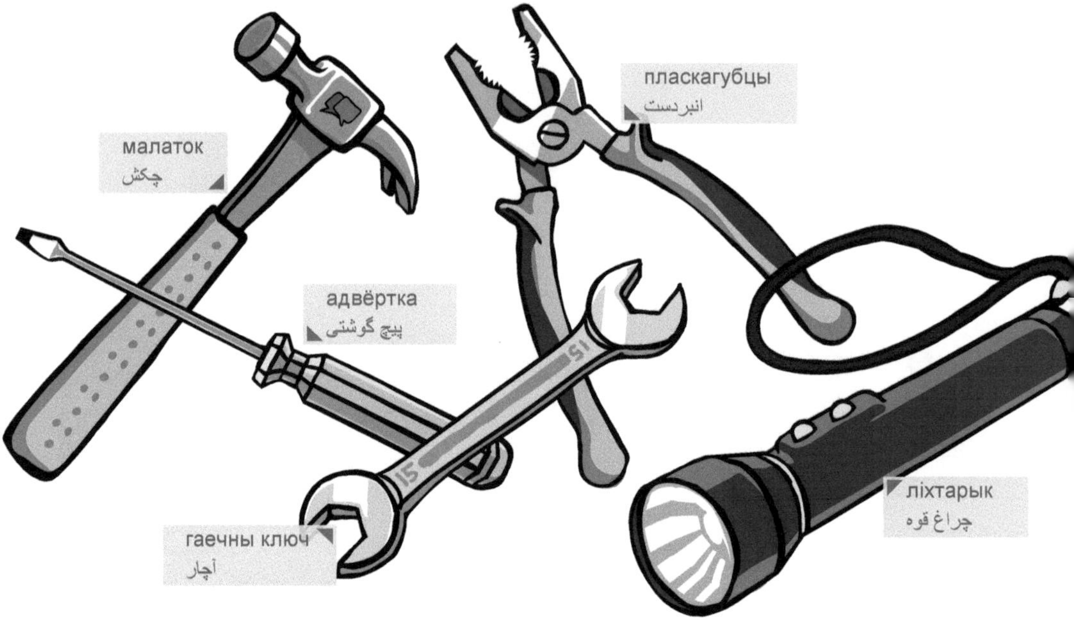

экскаватар

بیل مکانیکی

скрыня для інструментаў

جعبه ابزار

дравіны

نردبان

піла

ارّه

цвікі

میخ

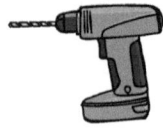

дрыль

متّه

рамантаваць

تعمیر کردن

рыдлеўка

بیل

Халера!

لعنتی!

шуфлік для смецця

خاک انداز

вядро з фарбаю

سطل رنگرزی

балты

پیچ

музычныя інструменты

آلات موسیقی

калонкі
بلندگو

ударны інструмент
درامز

гітара
گیتار

кантрабас
کنترباس

труба
ترومپت

піяніна

پیانو

скрыпка

ویولن

басгітара

گیتار بیس

літаўры

تیمپانی

барабан

طبل

клавішны электрамузычны
інструмент

کیبورد الکتریک

саксафон

ساکسیفون

флейта

فلوت

мікрафон

میکروفون

заапарк

باغ وحش

тыгр
ببر
уваход
ورودی
клетка
قفس
зебра
گورخر
корм для жывёл
خوراک حیوانات
панда
خرس پاندا

жывёлы

حیوانات

слон

فیل

кенгуру

کانگورو

насарог

کرگدن

гарыла

گوریل

мядзведзь

خرس

вярблюд

شتر

стравус

شترمرغ

леў

شیر

малпа

میمون

фламінга

فلامینگو

папугай

طوطی

белы мядзведзь

خرس قطبی

пінгвін

پنگوئن

акула

کوسه

паўлін

طاووس

змяя

مار

кракадзіл

تمساح

наглядчык заапарка

نگهبان باغ وحش

цюлень

خوک آبی

ягуар

پلنگ امریکایی

поні

اسب کوچک

леапард

پلنگ

бегемот

اسب آبی

жыраф

زرافه

арол

عقاب

дзік

گراز

рыбак

ماهی

чарапаха

لاک پشت

морж

شیرماهی

ліса

روباه

газель

غزال

спорт

ورزش ها

амерыканскі футбол
فوتبال آمریکایی
веласпорт
دوچرخه سواری
тэніс
تنیس
баскетбол
بسکتبال
плаванне
شنا
хакей з шайбай
هاکی روی یخ
бокс
بوکس

футбол

فوتبال

бадмінтон

بدمینتون

лёгкая атлетыка

دوومیدانی

гандбол

هندبال

горныя лыжы

اسکی

пола

پولو

дзейнасць

فعالیت ها

смяяцца
خندیدن
скакаць
پریدن
абдымаць
بغل کردن
ісці
راه رفتن
спяваць
آواز خواندن
марыць
رؤیا دیدن
маліцца
دعا کردن
цалаваць
بوسیدن

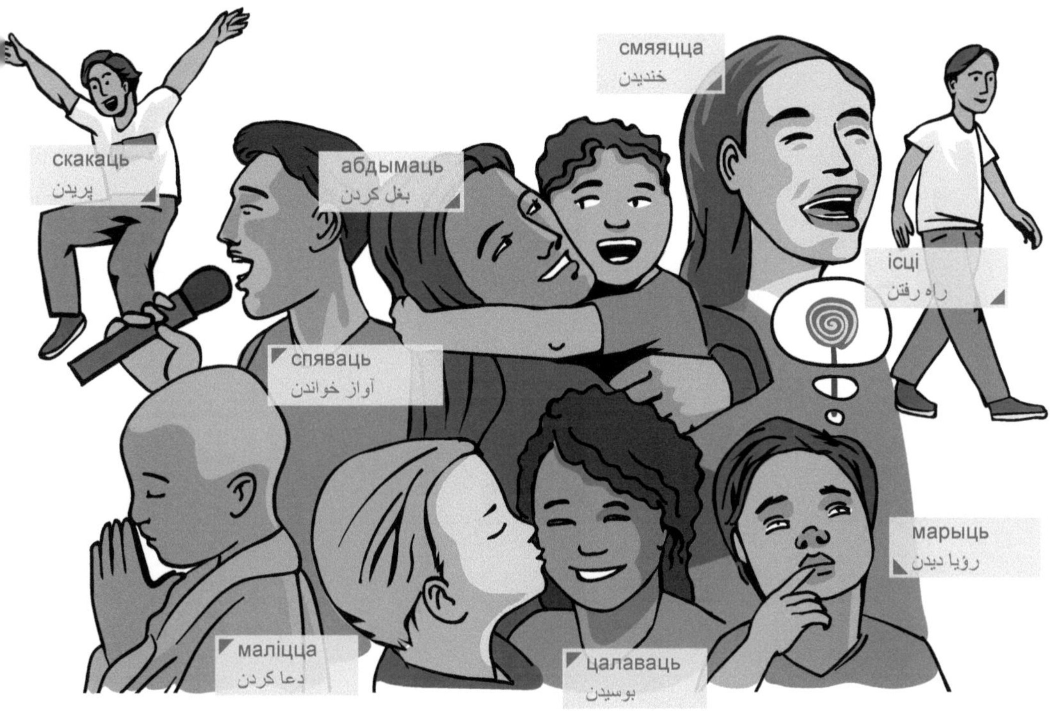

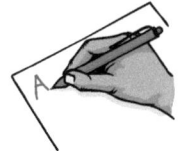

пісаць
نوشتن

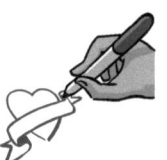

маляваць
رسم کردن

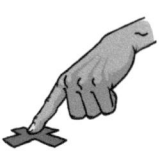

паказваць
نشان دادن

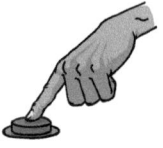

націснуць
هل دادن

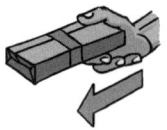

даваць
دادن

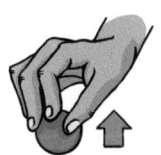

браць
برداشتن

мaць

داشتن

выконваць

انجام دادن

быць

بودن

стаяць

ایستادن

бегчы

دویدن

цягнуць

کشیدن

кідаць

پرتاب کردن

падаць

افتادن

ляжаць

دراز کشیدن

чакаць

منتظر بودن

насіць

حمل کردن

сядзець

نشستن

апранацца

لباس پوشیدن

спаць

خوابیدن

прачынацца

بیدار شدن

дзейнасць - فعالیت ها

глядзець

تماشا کردن

плакаць

گریه کردن

лашчыць

نوازش کردن

прычэсвацца

شانه کردن

гаварыць

حرف زدن

разумець

فهمیدن

пытаць

پرسیدن

чуць

شنیدن

піць

آشامیدن

есці

خوردن

прыбіраць

مرتب کردن

кахаць

عاشق بودن

гатаваць

پختن

ехаць

رانندگی کردن

лятаць

پرواز کردن

плаваць пад ветразем

قایقرانی کردن

лічыць

محاسبه کردن

чытаць

خواندن

вучыць

یاد گرفتن

працаваць

کار کردن

уступаць у шлюб

ازدواج کردن

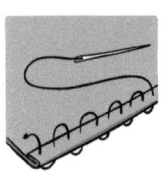

шыць

دوختن

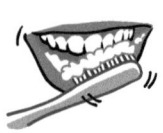

чысціць зубы

مسواک زدن

забіваць

کشتن

курыць

سیگار کشیدن

пасылаць

فرستادن

сям'я
خانواده

مادربزرگ
дзядуля
پدربزرگ
бацька
پدر
маці
مادر
дзіця
کودک
дачка
فرزند دختر
сын
فرزند پسر

гоцсь

مهمان

цётка

خاله، عمه

дзядзька

دایی، عمو

брат

برادر

сястра

خواهر

цела

بدن

лоб
پیشانی
вока
چشم
плячо
شانه
палец
انگشت دست
твар
صورت
падбародак
چانه
рука
دست
нага
ساق پا
грудзі
سینه
рука
بازو

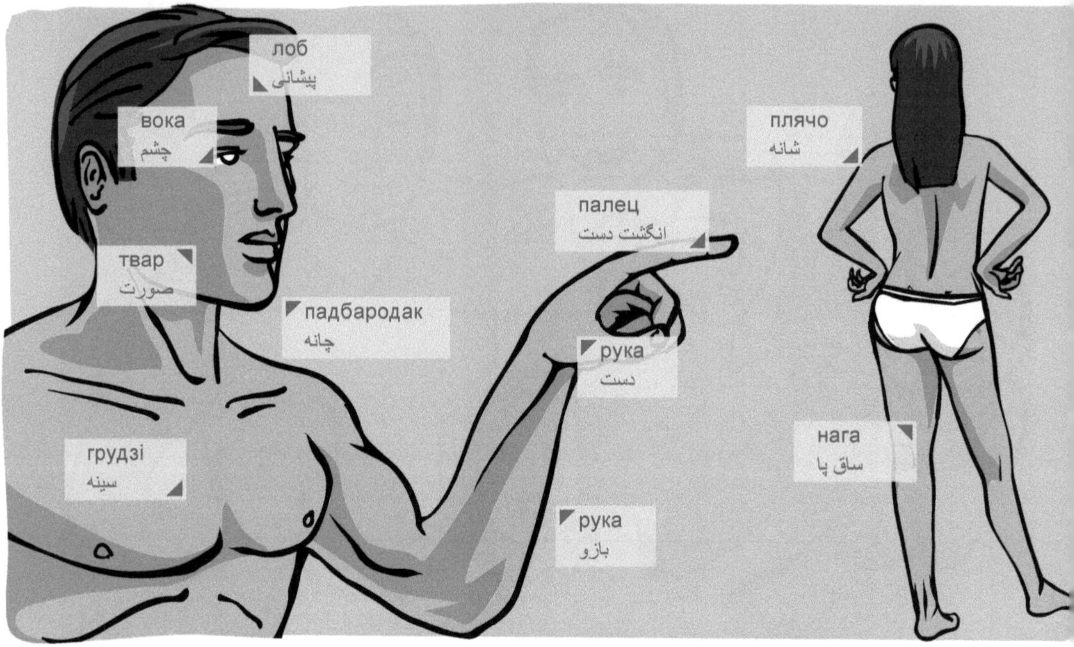

дзіця

کودک

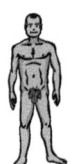

мужчына

مرد

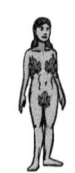

жанчына

زن

дзяўчынка

دختربچه

хлопчык

پسربچه

галава

کله

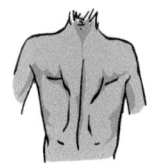

спіна

كمر

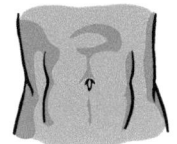

жывот

شكم

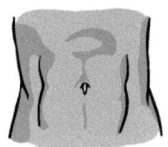

пуп

ناف

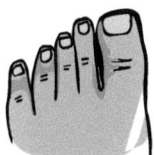

палец нагі

انگشت پا

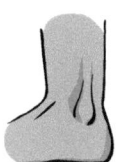

пятка

پاشنه

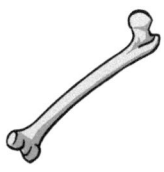

костка

استخوان

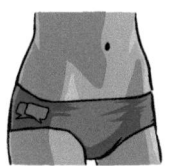

бядро

لگن

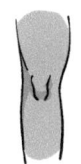

калена

زانو

локаць

آرنج

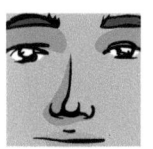

нос

بینی

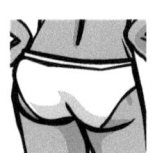

ягадзіца

نشیمنگاه

скура

پوست

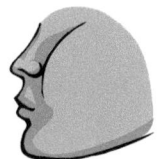

шчака

گونه

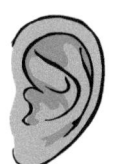

вуха

گوش

губа

لب

рот

دهان

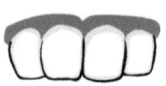

зуб

دندان

язык

زبان

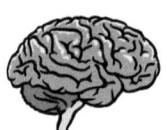

галаўны мозг

مغز

сэрца

قلب

мышца

عضله

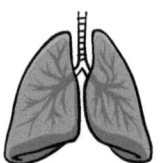

лёгкае

ريه

пячонка

كبد

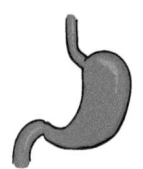

страўнік

معده

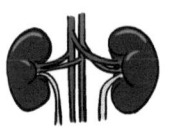

ныркі

كليه

сэкс

آميزش جنسی

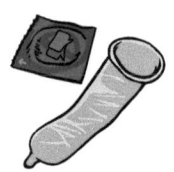

прэзерватыў

كاندوم

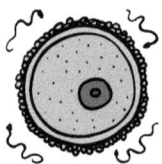

яйцаклетка

تخمک

сперма

اسپرم

цяжарнасць

حاملگی

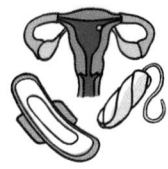

менструацыя

پریود

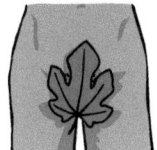

похва

واژن

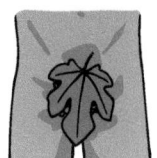

пеніс

آلت تناسلی مرد

брыво

ابرو

валасы

مو

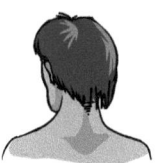

шыя

گردن

шпіталь

بیمارستان

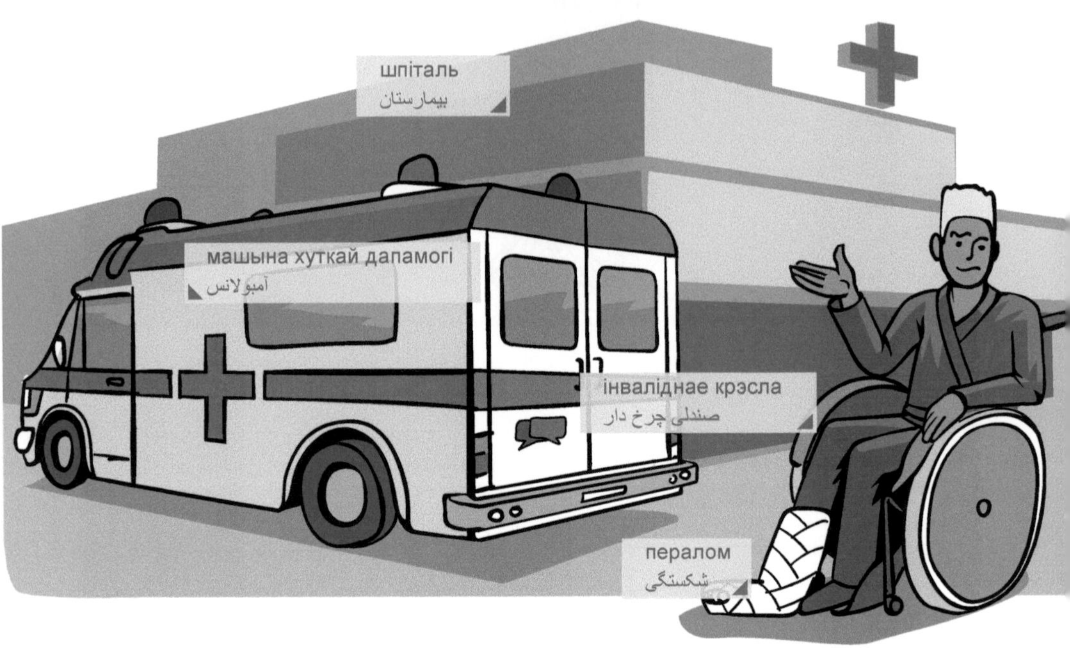

шпіталь
بیمارستان
машына хуткай дапамогі
آمبولانس
інваліднае крэсла
صندلی چرخ دار
пералом
شکستگی

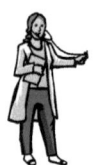

доктар

دکتر

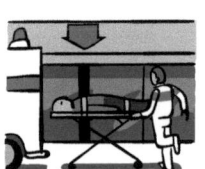

аддзяленне першай дапамогі

بخش اورژانس

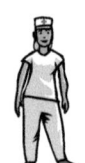

медсястра

پرستار

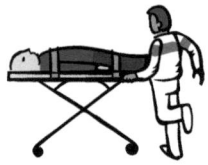

экстраная дапамога

موقعیت اضطراری

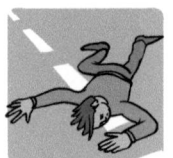

непрытомны

بی هوش

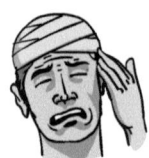

боль

درد

траўма

مصدومیت

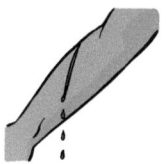

крывацёк

خونریزی

інфаркт

سکته قلبی

апаплексія

سکته مغزی

алергія

آلرژی

кашаль

سرفه

гарачка

تب

грып

آنفولانزا

панос

اسهال

галаўны боль

سردرد

рак

سرطان

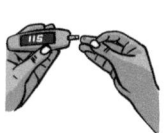

дыябет

دیابت

хірург

جراح

скальпель

چاقوی جراحی

аперацыя

عمل جراحی

КТ

سی تی اسکن

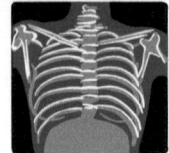

рэнтген

پرتونگاری

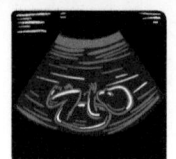

ультрагук

سونوگرافی

маска

ماسک صورت

хвароба

بیماری

пачакальня

اتاق انتظار

мыліца

چوب زیر بغل

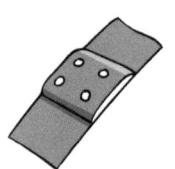

пластыр

چسب زخم

бінт

پانسمان

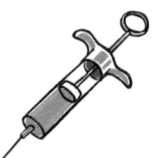

ін'екцыя

تزریق

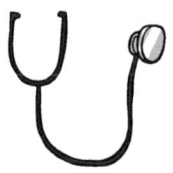

стэтаскоп

گوشی طبی

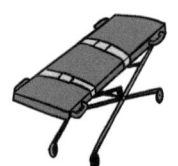

насілкі

برانکار

градуснік

دماسنج

нараджэнне

زایش

лішняя вага

اضافه وزن

слухавы апарат

سمعک

дэзінфекцыйны сродак

ماده ضد غفونی کننده

інфекцыя

عفونت

вірус

ویروس

ВІЧ/СНІД

اچ آی وی / ایدز

лекі

دارو

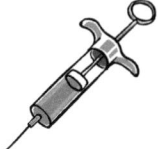

прышчэпка

واکسیناسیون

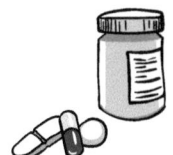

таблеткі

قرص

супрацьзачаткавая
таблетка

قرص ضد حاملگی

экстраны выклік

تماس اظطراری

танометр

دستگاه اندازه گیری فشارخون

хворы / здаровы

مریض / سالم

экстраная дапамога

موقعیت اضطراری

Ратуйце!

کمک!

сігналізацыя

آژیر خطر

напад

حمله

атака

حمله ی فیزیکی

небяспека

خطر

аварыйны выхад

خروج اظطراری

Пажар!

آتش

вогнетушыцель

کپسول آتش‌نشانی

аварыя

تصادف

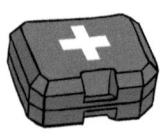

аптэчка

جعبه کمک های اولیه

СОС

درخواست کمک

паліцыя

پلیس

Еўропа

اروپا

Паўночная Амерыка

آمریکای شمالی

Паўднёвая Амерыка

آمریکای جنوبی

Афрыка

أفريقا

Азія

آسیا

Аўстралія

استرالیا

Атлантычны акіян

اقیا نوس اطلس

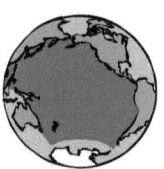

Ціхі акіян

اقیانوس آرام

Індыйскі акіян

اقیانوس هند

Паўднёвы ледавіты акіян

اقیا نوس اطلس جنوبی

Паўночны ледавіты акіян

اقیانوس منجمد شمالی

Паўночны полюс

قطب شمال

Паўднёвы полюс

قطب جنوب

Антарктыда

قاره قطب جنوب

Зямля

کره زمین

краіна

سرزمین

мора

دریا

востраў

جزیره

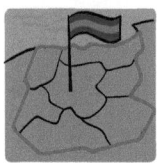

нацыя

ملت

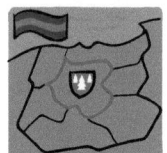

дзяржава

کشور

цыферблат

صفحه ی ساعت

гадзінная стрэлка

ساعت شمار

хвілінная стрэлка

دقیقه شمار

секундная стрэлка

ثانیه شمار

Колькі часу?

ساعت چند است؟

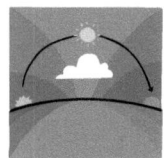

дзень

روز

час

زمان

зараз

اکنون

электронны гадзіннік

ساعت دیجیتال

хвіліна

دقیقه

гадзіна

ساعت

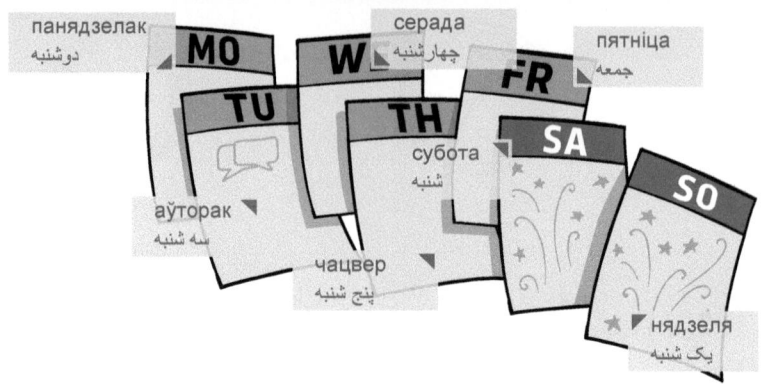

тыдзень

هفته

панядзелак
دوشنبه
серада
چهارشنبه
пятніца
جمعه
субота
شنبه
аўторак
سه شنبه
чацвер
پنج شنبه
нядзеля
یک شنبه

ўчора

دیروز

сёння

امروز

заўтра

فردا

раніца

صبح

абед

ظهر

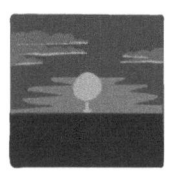

вечар

غروب

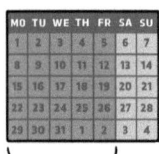

працоўныя дні

روزهای کاری

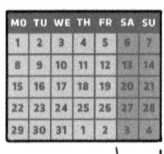

выхадныя

آخر هفته

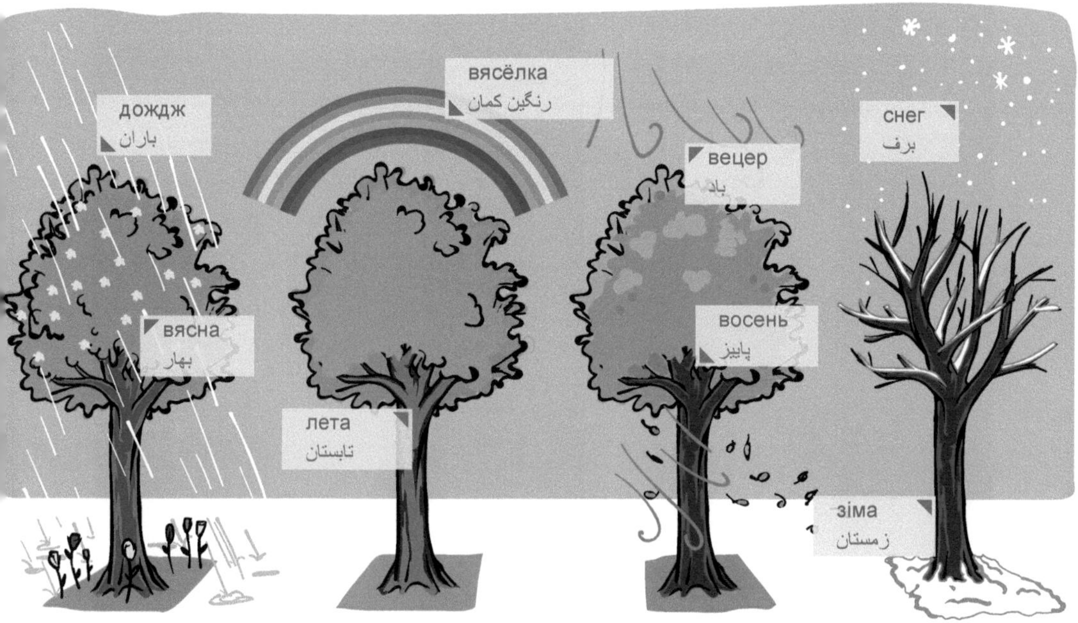

вясёлка
رنگین کمان
дождж
باران
снег
برف
вецер
باد
вясна
بهار
восень
پاییز
лета
تابستان
зіма
زمستان

4.APRIL 11°
5.APRIL 4°
6.APRIL 13°
7.APRIL 8°
8.APRIL 10°

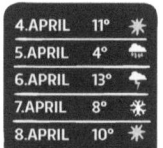

прагноз надвор'я
....
پیش‌بینی اوضاع جوی

F C
120 40
90 30
60 20
30 10
0 0
-30 -10
-20

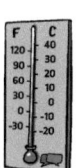

градуснік
....
دماسنج

сонечнае святло
....
تابش آفتاب

воблака
....
ابر

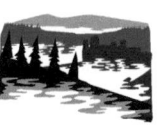

туман
....
مِه

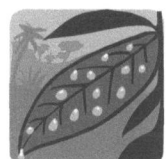

вільготнасць паветра
....
رطوبت هوا

маланка

صاعقه

гром

آسمان غره

бура

طوفان

град

تگرگ

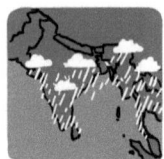

мусонны вецер

باد موسمی

прыліў

سیل

лёд

یخ

студзень

ژانویه

люты

فوریه

сакавік

مارس

красавік

آوریل

май

مه

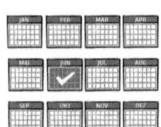

чэрвень

ژوئن

ліпень

ژوئیه

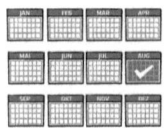

жнівень

آگوست

верасень
....
سپتامبر

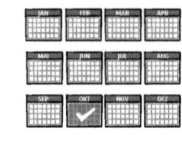

кастрычнік
....
أكتبر

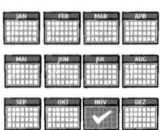

лістапад
....
نوامبر

снежань
....
دسامبر

формы
أشكال

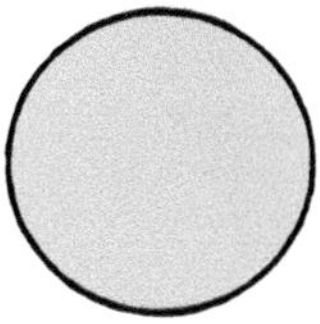

круг
....
دايره

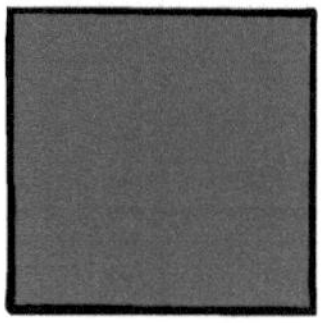

квадрат
....
مربع

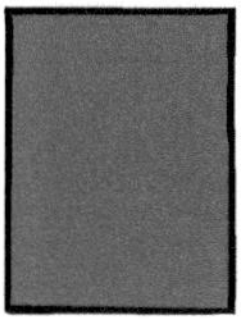

прамавугольнік
....
مستطيل

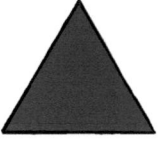

трохвугольнік
....
سه گوش

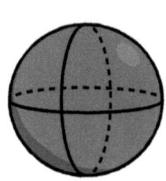

шар
....
گره

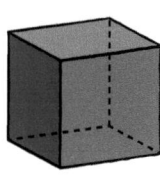

куб
....
مكعب مربع

колеры

رنگ ها

белы

سفید

жоўты

زرد

аранжавы

نارنجی

ружовы

صورتی

чырвоны

قرمز

фіялетавы

بنفش

сіні

آبی

зялёны

سبز

карычневы

قهوه ای

шэры

خاکستری

чорны

سیاه

шмат / мала

خیلی / کم

злы / добры

خشمگین/ آرام

прыгожы / брыдкі

زیبا / زشت

пачатак / канец

شروع / پایان

высокі / малы

بزرگ / کوچک

светлы / цёмны

روشن / تیره

сястра / брат

برادر / خواهر

чысты / брудны

تمیز / آلوده

поўны / няпоўны

کامل / ناقص

дзень / ноч

روز / شب

мёртвы / жывы

مرده / زنده

шырокі / вузкі

پهن / باریک

ядомы / неядомы

قابل خوردن / غیر قابل خوردن

злы / добры

غضبناک / مهربان

узбуджаны / нудны

هیجان زده / بی حوصله

тоўсты / тонкі

چاق / لاغر

першы / апошні

اولین / آخرین

сябар / вораг

دوست / دشمن

поўны / пусты

پر / خالی

цвёрды / мяккі

سفت / نرم

важкі / лёгкі

سنگین / سبک

голад / смага

گرسنگی / تشنگی

хворы / здаровы

مریض / سالم

нелегальны / легальны

غیرقانونی / قانونی

разумны / дурны

باهوش / خنگ

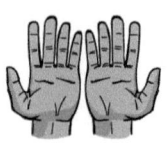

левы / правы

چپ / راست

побач / далёка

نزدیک / دور

новы / былы ва ўжыванні

نو / استفاده شده

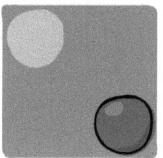

нічога / нешта

هیچ چیز / چیزی

стары / малады

پیر / جوان

укл / выкл

روشن / خاموش

адчынены / зачынены

باز / بسته

ціхі / гучны

آهسته / بلند

багаты / бедны

ثروتمند / فقیر

правільна / няправільна

درست / غلط

шурпаты / гладкі

زبر / صاف

сумны / шчаслівы

غمگین / خوشحال

кароткі / доўгі

کوتاه / بلند

павольны / хуткі

کند / تند

вільготны / сухі

تر / خشک

цёплы / халаднаваты

گرم / خنک

вайна / мір

جنگ / صلح

0	1	2
нуль	адзін	два
صفر	یک	دو

3	4	5
тры	чатыры	пяць
سه	چهار	پنج

6	7	8
шэсць	сем	восем
شش	هفت	هشت

9	10	11
дзевяць	дзесяць	адзінаццаць
نه	دَه	یازده

12

дванаццаць

دوازده

13

трынаццаць

سيزده

14

чатырнаццаць

چهارده

15

пятнаццаць

پانزده

16

шаснаццаць

شانزده

17

сямнаццаць

هفده

18

васямнаццаць

هجده

19

дзевятнаццаць

نوزده

20

дваццаць

بيست

100

сто

صد

1.000

тысяча

هزار

1.000.000

мільён

ميليون

англійская

انگلیسی

англійская (Амерыка)

انگلیسی آمریکایی

кітайская мандарынская

چینی ماندارین

хіндзі

هندی

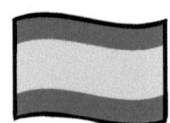

іспанская

اسپانیایی

французская

فرانسوی

арабская

عربی

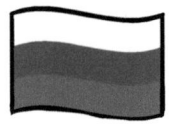

руская

روسی

партугальская

پرتغالی

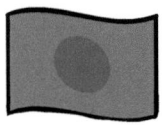

бенгальская

بنگالی

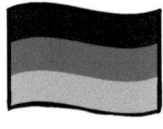

нямецкая

آلمانی

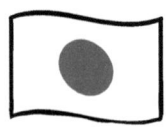

японская

ژاپنی

хто / што / як
چه کسی / چه چیزی / چگونه

я
....
من

ты
....
تو

ён / яна / яно
....
او

мы
....
ما

вы
....
شما

яны
....
آنها

хто?
....
چه کسی؟ کی؟

што?
....
چی؟

як?
....
چگونه؟

дзе?
....
کجا؟

калі?
....
کِی؟

імя
....
نام

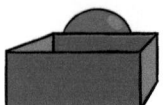

дзе

کجا

за

پشت

у

توی

перад

جلو

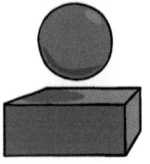

над

بالای

на

روی

пад

زیر

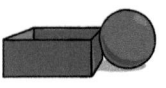

каля

مجاور

паміж

بین

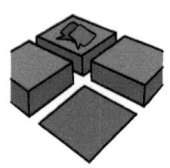

месца

مکان